Lu. L. Jacks

An der Pforte wirrer Worte

Lu. L. Jacks

An Der Pforte Wirrer Worte

Lyrik

Bibliografische Information der Deutschen
Nationalbibliothek:
Die Deutsche Nationalbibliothek verzeichnet diese
Publikation in der Deutschen Nationalbibliografie;
detaillierte bibliografische Daten sind im Internet über
http://dnb.dnb.de abrufbar.

Covergestaltung: Luana Lynn Jacks
Bilder von: Luana Lynn Jacks

Herstellung und Verlag: BoD – Books on Demand,
Norderstedt

ISBN: 978-3-7568-1449-7

Für alle,
die versuchen, Momente festzuhalten.

Für meine Oma,
die mit mir aufs Meer blickt und träumt.

INHALT

HERMENEUTIK 5

    WIRRE WINDE 7

    EIN WORT 8

    WOLLEN 9

    GEDANKEN 10

    WORTE 11

    WISSEN UND WAHRHEIT 12

    GESTÄNDNIS 13

DESIDERIUM 15

    KIND DER SEE 17

    AUFBRUCH 18

    FUßSPUREN 19

    STURM UND MEER 20

    MEER 21

SEDITION 23

    FEUER 25

    WAGNIS 26

    WAFFEN 27

    ROM 28

    REVOLUTION 29

EUPHEMISMEN 31

    MASKENBALL 33

    DIE PUPPE 34

    EINFLUSS 35

    DIE ALTE 36

    BAR 37

    DIE FLASCHE 38

    BLICKFELD 39

KATOPTRIK 41

    DIE FREMDE 43

    SICH BELÜGEN 44

    VERKLÄRT 45

    NIEMAND 46

    HOFFNUNG 47

DIVERGENZ 49

    DER DUNKLE RAUM 51

    HÄTTE ICH ES GEWUSST 52

    ABSCHIED 53

ONEIRODYNIA 55

    TRÄUME 57

    DRACHEN 58

    ICH TRÄUMTE 59

    DER TRAUMTÄNZER 60

    FANTASIE 61

DYNAMIS 63

    LEBEN 65

    RAT EINES ALTEN MANNES 66

    DER WEG 67

BEDEUTUNG DER KAPITELTITEL 71

HERMENEUTIK
VOM DENKEN UND EMPFINDEN

WIRRE WINDE

Starke Winde heulen, wehen,
kann nicht gehen,
kann nicht stehen.
Äste brechen, Äste stürzen,
wollen meine Wege kürzen.
Suche ein Wort
am falschen Ort.
Folge den Winden,
die Worte verschwinden.
Verirrt,
verwirrt,
ich lass mich treiben,
kann nur wirre Worte schreiben.

Ein Wort

Nur ein Tropfen
und das Fass läuft über.
Nur ein Klopfen
und die Stille bricht.
Nur ein Fehler
und das Bild wird trüber.
Nur ein Schatten
dimmt das Licht.

Nur ein Wort
steht auf der Kippe.
Nur ein Wort
fliegt weit hinfort.
Nur ein Wort
fällt von der Lippe.
„NUR" ist nur ein Wort.

WOLLEN

„Ich will.“
sagte ich, als ich nicht wollte.
„Will nicht.“
sagte ich, obwohl ich wollte.
Wusste nicht was ich tun sollte.
Wusste einfach nicht was ich wollte.

GEDANKEN

Was ich fühle, was ich sage,
ist nicht immer was ich klage.
Ein wahres Lächeln
bricht das Herz.
Ein leichtes Schwächeln,
zeigt den Schmerz.

Tausende Gedanken
fragen was ich sehe.
Bringen mich ins Wanken.
Ob ich sie je verstehe?

Wissen will ich mehr und mehr.
Wo nehme ich bloß diese Gedanken her?
Die mit mir kämpfen, mit mir streiten
und mich ewiglich begleiten.

Worte

Worte können so unschuldig sein,
einfach, klar, wie „ja" und „nein"
Doch werden sie oft mit Schuld beladen,
verursachen zu viele Fragen.
Fehler, Verwirrung schaffen sie,
immer präsent, verständlich nie.

Erkläre einem Fremden wonach es dir sinnt,
wie der Schnee durch deine Finger rinnt.
Erkläre einem Blinden, was Farbe bedeutet
und einem Tauben wie es klingt, wenn eine
Glocke läutet.
Versuche jemandem begreiflich zu machen,
wie es ist, nicht ehrlich zu lachen.
Und wie einfach es ist jemanden zu verletzen,
wenn man ihn nicht wirklich weiß zu schätzen.

Worte können so viel zerstören,
großes Unheil heraufbeschwören.
Doch genau so viel erschaffen,
man muss sie nur begreiflich machen.
Wähle sie weise, mit Bedacht,
wisse, jedes Wort hat Macht.

Wissen Und Wahrheit

Grauenvoll ist es doch gar,
nicht zu wissen was ist wahr.
Und nicht zu wissen, ob das Wissen, das wir
wissen,
die Wahrheit ist, die wir gar missen.
Können wir die Wahrheit sehen,
sie sehen, aber nicht verstehen?
Werden wir je alles wissen?
Wird die Wahrheit uns entrissen?
Ist unsre Wahrheit wirklich weise?
Oder drehen wir uns im Kreise?
Ist unser Wissen wirklich wahr?
Erlöst es oder bringt Gefahr?
Erkenntnis wächst, Wissen gedeiht.
Wahrheit offenbart die Zeit.

GESTÄNDNIS

Vom Herzen fallen Steine,
als Karten aufgedeckt.
Ob ich lache oder weine,
die Worte waren direkt.
Das Gefühl der Schwere weicht,
von Geheimnissen aus Blei.
Nun fühl ich mich so federleicht,
ich fühl mich endlich frei.

DESIDERIUM

VON FREIHEIT UND MEER

KIND DER SEE

Ich will so gern nochmal ans Meer,
das ist wonach ich mich verzehr.
Ich will mich mit den Wellen messen,
in den Fluten meine Probleme vergessen.
Ich sehne mich nach jenem Strand,
an dem ich vom Blick der Welt verschwand.
Gern würde ich ins Bodenlose treiben,
auf ewig in den Tiefen bleiben….

Kehre ich zurück zum Meer?
Den Ort, den ich so sehr begehr…
Oder bleibe ich an Land,
behalte mir Geist und den Verstand…
Ob ich der Versuchung widersteh?
Bin ich noch ein Kind der See?

Aufbruch

Die hohe Burg im Sonnenlicht,
wirft große Schatten, hindert die Sicht.
Die Burg, sie gibt mir Sicherheit,
bin ich für meinen Weg bereit?

Ein verzerrtes Gesicht im Wassergraben,
plagt mich stumm mit fernen Fragen.
Will eine Entscheidung, einen Sinn,
wo führen meine Wege hin?
Welche Wege werde ich wählen?
Welche Fehler werden mich quälen?

Bin wie erstarrt, bin zwiegespalten,
will meine Wege selbst gestalten.
Will aufbrechen und dennoch bleiben,
irgendwann muss ich mich entscheiden.

FUßSPUREN

Ich stehe an einem verlassenen Strand
und frage mich wer hier vor mir stand.
Ob er wohl wie ich darüber nachdachte,
wer hier vor ihm seine Zeit verbrachte?
Was zog ihn wohl an diesen Ort?
Und was trieb ihn wieder hinfort?

Fußspuren folgen einem Weg,
auf dem weder Schild noch Pflanze steht.
Habe nicht vor zurück zu gehen,
doch wage es zurück zu sehen.
Dort an jenem verlassenen Strand,
fragt sich jemand wer vor ihm dort stand.

Ich folge den Fußspuren noch eine Weile,
träumend, leichtfüßig, ohne Eile.
Ich könnte noch so viele von ihnen finden,
doch dann kommt die Flut und die Spuren
verschwinden.

Sturm und Meer

Die Wellen wogten noch und nöcher
und Felsen, hohe Wellenbrecher,
ragten weit in den Himmel empor,
als wollten sie zum Himmelstor.

Die Wolken waren zur Faust geballt
und fern ab jedes Echo schallt,
von jenen die vom Sturm besessen,
jede Gefahr hatten vergessen.
Die ihr Leben lang im Sturm verbrachten,
nur an die Weiten des Meeres dachten.
Die das Abenteuer suchten,
die das Landleben verfluchten.
Sie waren für den Sturm bereit,
wollten einen Ausblick auf Unsterblichkeit.

Willig alles zu riskieren,
Leib und Leben zu verlieren,
stürmten sie aufs Meer.
Eine Reise ohne Wiederkehr.

MEER

Ich blicke hinaus aufs weite Meer,
diesen Anblick liebe ich sehr.
Ich beobachte die Wellen,
wie sie sich aufbäumen und an den Felsen
zerschellen.
Ich atme die Seeluft, sie ist kühl und rein.
Nirgendwo anders will ich sein.
Dies ist wonach ich mich verzehr,
denn frei fühl ich mich nur am Meer.

SEDITION

VOM WILLEN ZU WAGEN

Feuer

Lebendig, rasend, flammend, brennend.
Leben schenkend, Leben endend.
Licht entfachend, neu erwachend.

Ich sehe es in deinen Augen,
kann meinen eigenen nicht glauben,
dass du gewillt alles zu tun,
für Liebe, Leben und den Ruhm.
Um zu bekommen deinen Willen,
deinen Wissensdurst zu stillen
und deine Welt, ganz ohne Normen,
nach deinem Willen zu verformen.
Aus Triumphen schöpfst du Kraft,
bist erfüllt von Leidenschaft.
Endlich konnte ich erkennen,
dass Feuer in deinen Augen brennen.

WAGNIS

wagen
ringen
verzagen
erzwingen
kämpfen
besiegen
nur wer springt
lernt fliegen

Waffen

Mächtig ist das Schwert,
hat in Schlachten großen Wert.
Die Feder verleiht Macht,
doch auf Worte gebe Acht.
Wisse beides recht zu führen
oder bekomme sie zu spüren.
Nehme sie mit auf deine Reise,
doch wähle deine Waffen weise.

ROM

Rom wurde nicht an einem Tag gebaut,
Römer haben sich Großes zugetraut.
Sie glaubten, dass ihr Reich das Beste sei.
Was andere wollten war einerlei.
Große Triumphe, die von Zweifeln befreiten,
die Hilfe der Götter war nicht zu bestreiten.
Sie siegten, eroberten, wieder und wieder,
doch ihre Zeit lief ab und Rom brannte nieder.

Sie glaubten nicht, sie würden vergehen,
dass nunmehr nichts als Ruinen stehen.
Ihr Ende zeigt was Geschichte verspricht:
Nichts besteht auf lange Sicht.

REVOLUTION

Schwerter klirrten,
Menschen irrten
ziellos in die Schlacht,
bekämpften eine höhere Macht.

Befreien wollten sie sich von ihren Ketten,
um sich und andere zu retten.
Doch das wurde nicht gern gesehen,
fette Fürsten konnten nicht verstehen,
wie diese mageren Hungerhaken,
sich schamlos zu beklagen wagten.
Jene die selbst ohne Scham,
von den Bürgern bettelarm,
immer mehr und mehr verlangten,
die um ihr Überleben bangten.
So machten sich die Bürger auf,
nahmen das Risiko in Kauf.
Um Machtverhältnisse umzukehren,
sich endlich gegen sie zu wehren.

Es war eine blutige Schlacht,
die Mächtigen verloren ihre Macht.
Nun saßen andere auf ihrem Thron,
zumindest bis zur nächsten Revolution.

EUPHEMISMEN
VON MASKEN UND MENSCHEN

MASKENBALL

Willkommen auf dem Maskenball,
das gleiche Spiel wie überall.
Lächeln Sie, doch nicht zu breit,
Sie haben Ihr ganzes Leben Zeit.
Haben Sie sich richtig angemalt?
Haben Sie einen fairen Preis gezahlt?
Haben Sie sich gut verkleidet?
Werden Sie gehasst und doch beneidet?
Fallen Sie bloß nicht aus der Reihe.
Sie verstehen, dass ich das nicht verzeihe.
Zeigen Sie ruhig wer Sie sind,
die größte Attraktion gewinnt.
Doch fügen Sie sich wieder ein,
tanzen dürfen Sie nicht allein.
Bewegen Sie sich zur Melodie,
Sie sind Teil der Szenerie.
Wählen Sie Ihre Masken aus,
Ihr Aufenthalt geht auf das Haus.
Wir heißen Sie, auf jedem Fall,
Willkommen auf dem Maskenball.

DIE PUPPE

Sie hängt schlaff an vielen Fäden,
hat keine Fehler, keine Schäden.
Sie wurde aus feinstem Material gebaut,
ihre Farbe ähnelt meiner Haut.
Sie unterwirft sich meinem Willen,
doch oft lächelt sie im Stillen.
Ihr Lächeln konnte ich nie verstehen,
nur sie konnte meine Fäden sehen.

EINFLUSS

Alles was ich sah,
alles was geschah,
ändert sich mit einem Blick,
doch Erkenntnis braucht Geschick.
Wie die Welt um mich herum,
allumfassend dennoch stumm,
im Lärm der Massen untergeht,
wie das Selbst im Wind verweht.
Standhaft blieb ich auf der Stelle,
kämpfte gegen jede Welle.
Wollte mich trotz Sturm und Regen,
von dieser Stelle nicht bewegen.
Dachte schon ich wäre klüger,
als all die Heuchler und Betrüger.
Jene mit den vielen Schirmen,
großen Boten, hohen Türmen.
Jene die zu schwimmen lernten,
sich von ihren Stellen entfernten.
Während ich langsam ertrank,
kurz auftrieb und auf meine Stelle sank.
Ich war erstarrt, wie eingefroren,
wollte mich bewahren, doch hatte mich verloren.
Ganz allein wollte ich mein Leben bestimmen,
doch so lernte ich nie zu schwimmen.

DIE ALTE

Ich sah einst eine alte Frau,
sie wirkte ausgesprochen schlau.
Doch es war keine Freude in ihrem Gesicht,
ihre Augen spiegelten kein Licht.
Sie fand es scheinbar zu verachten,
dass andere noch gerne lachten.
Sie belächelte jede Fähigkeit,
hatte nur Kritik als Zeitvertreib.
Ich dachte an ihre Vergangenheit,
gab es für sie je eine schönere Zeit?
Denn Glück empfinden wollte sie,
doch wirklich glücklich schien sie nie.
Vielleicht trügt mich der äußere Schein,
doch wie sie scheint, will ich niemals sein.

BAR

Ich unterhielt mich oft für Stunden,
mit einem leicht beschwipsten Kunden.
Er beschrieb mir was er alles träumte,
von dem Leben, das er bisher versäumte.
Von Gedanken die er in sich fraß,
von Gefühlen, die er durch die Flasche vergaß.
Doch wenn er nüchtern wiederkam,
gestand er mir mit stillem Scham,
dass er all das nicht sagen wollte,
einfach zufrieden sein sollte.
Viele haben sich zu ihm gesellt,
haben von ihren Masken erzählt.
Nach und nach wurde es klar,
ehrlich waren sie nur in meiner Bar.

Die Flasche

Vor mir stand eine alte Flasche,
sie war so unscheinbar und leer.
Sie könnte weit gereist sein,
mit einem Brief durchs weite Meer.
Ich fragte mich was sie einst enthielt,
wie viele Schläge sie aushielt.
Denn ihre goldenen Gravuren
waren voller Kratzer und Blessuren.

Wer hat sie wohl vor mir besessen?
Wurde ihr Wert jemals bemessen?
Ich werde es wohl nie erfahren.
Sie gehörte mir seit vielen Jahren.
Wie immer packte ich sie in meine Tasche.
Für mich war sie nichts als eine alte Flasche.

BLICKFELD

Ich warte hier auf meinen Bus,
bezeuge der Menschen Überdruss.
Ich sehe die vielen Autos vorbeifahren,
frage mich wer diese Menschen waren.
Ich frage mich wohin sie wollen,
ob sie tun was sie sollen?
Ich betrachte sie aus meiner Perspektive,
weiß nicht um ihre Verluste, ihre Siege.
Jeder von ihnen hat ein Leben für sich,
doch mehr weiß ich von ihnen nicht.
Manchmal würde ich sie gern verstehen,
die Welt durch ihre Augen sehen.
Ich frage mich ob ich die Antworten finde,
bevor ich selbst in der Masse verschwinde.

KATOPTRIK
VOM LÄCHELN UND LÜGEN

DIE FREMDE

Ich war in einem dunklen Raum,
es wirkte auf mich wie ein Traum.
Vor mir stand eine junge Frau,
doch ihre Haare waren grau.
Aufgerissen waren ihre Augen,
leblos, voller Unglauben.
Sie betrachtete mich genau,
ich war ihr eine fremde Frau.
Ich hob meine Hand, sie tat es mir nach,
doch keiner von uns beiden sprach.
Ich trat einen Schritt zurück,
sie entfernte sich ein Stück.
Da bemerkte ich, dass ihre Hand
allmählich verblasste und verschwand.
Verängstigt wollte ich davonrennen,
den Raum mit ihr niederbrennen.
Doch sie lächelte mich nur an,
wusste, dass ich ihr nicht entfliehen kann.
Erkenntnis ereilte mich, sie erschrak,
ich schlug zu, traf sie und der Spiegel zerbrach.

Sich Belügen

Was braucht es um sich zu betrügen,
sich eiskalt ins Gesicht zu lügen?
Ist es ein Lächeln, sind es die Augen?
Wie kann man sich da selbst nur glauben?
Wie wird ein Lächeln nicht hinterfragt?
Wie glaubt man das, was man sich sagt?
Wie oft verschwimmt die klare Sicht?
Wie oft trägt man eine Lüge im Gesicht?

Verklärt

Meine Sicht ist ganz verschwommen,
mein Verstand ist ganz benommen.
Versuche Fernes zu benennen,
kann Fernes jedoch nicht erkennen.
Will wissen was sich dort verbirgt,
doch habe meine Chance verwirkt.
Sehne mich danach wie es früher war,
als meine Sicht noch weit und klar.
Doch ein Blick in die Vergangenheit,
verklärt sich mit vergehender Zeit.
Ist die Vergangenheit zu sehen?
Ist es wirklich so geschehen?
Oder habe ich vergessen?
War ich blind vom Licht besessen?
Konnte ich jemals etwas sehen?
Konnte ich je etwas verstehen?
Oder hat das viele Licht,
mir genommen meine Sicht?
Wo wird die Wahrheit mir verwehrt?
Seit wann ist meine Sicht verklärt?

NIEMAND

Wer bin ich und wer werde ich sein?
Ich fühle mich so winzig klein.
Ich bin das leere Blatt vor mir.
Niemand schreibt auf dem Papier,
schreibt kreuz und quer und auf dem Rand,
hat meine Zukunft in der Hand.
Gedanken, Worte, Taten,
das Leben wird nicht auf mich warten.
Bin Niemand und bin Jedermann.
Irgendwo fängt jeder an.

HOFFNUNG

Eine Fremde stand einst vor meiner Tür.
Sie bat mich um Hilfe, ich fragte: „Wofür?“
Sie lächelte nur und ließ mich dort stehen,
mehr bekam ich nicht zu sehen.
Irgendwann sah ich sie erneut,
war misstrauisch und dennoch erfreut.
„Wer bist du bloß?“ murmelte ich vor mich hin,
„Die Frage ist, wer ich für dich bin.“
Sie sah mir tief in meine Augen:
„Was ich sage, willst du nicht glauben.“
„Wer bist du?“ wollte ich von ihr hören,
„Hör mir zu, und ich werde deine Illusion zerstören.“
Sie sah sich um: „Ich gehöre zu jedem auf der Welt,
egal ob es ihnen gefällt.
Es ist nur menschlich mich zu haben
und ebenso mich zu hinterfragen.
Ja oft, da liege ich falsch und sie hassen mich dafür,
doch wenn sie mich brauchen stehe ich vor ihrer Tür.
Man sagt, ich allein könnte Menschen am Leben erhalten,
mit mir könnten sie ihr größtes Potential entfalten.
Doch was bin ich für dich?
Dunkelheit oder Licht?
Du dachtest, es wäre einfacher mich aufzugeben,
nur im Moment dahin zu leben.“
„Wer bist du?“ sie gab mir ein mulmiges Gefühl,
„Hör einfach zu.“ antwortete sie kühl.
„Ich bin das, was in Pandora's Büchse zurückblieb,
das von dem jeder Dichter schrieb.
Ich bin das Band, das ganze Völker verbündet,
der Funke, der das Feuer entzündet.

‚Hoffnung‘, so hat man mich hier benannt,
doch das hast du längst erkannt.
Dennoch fragst du nach mir und meinem Sinn.
Das kommt ganz darauf an, was ich für dich bin.“

DIVERGENZ
VOM BLEIBEN UND VERBLASSEN

Der Dunkle Raum

Allein in einem dunklen Raum,
welch Finsternis, welch schlimmer Traum.
Die Schwärze, sie verbreitet sich,
wirkt endlos, verbirgt die Welt um mich.
Erkennen konnte ich nichts mehr,
der Raum um mich schien weit und leer.
Grad genug Kraft um weiter zu gehen,
war nicht zu blind um Licht zu sehen.

Hätte Ich Es Gewusst

Hätte ich gewusst, es ist das letzte Mal,
bevor ich dich sehe blass und fahl.
Hätte ich dich in den Arm genommen,
dich gedrückt so fest ich kann.
Wann hat all das nur begonnen?
Wann fing dein Verschwinden an?
Hätte ich gewusst, du würdest gehen,
ohne noch mal zurück zu sehen,
wäre ich zu dir gegangen,
um dein Bleiben zu verlangen.
Doch es wurde mir zu spät bewusst,
hätte ich es doch nur gewusst…

ABSCHIED

Ein Verlust den man nicht kommen sah,
ein Abschied, der kein Abschied war.
Es gab nie ein „Auf Wiedersehen“
es war einfach so geschehen.
Nur in seltenen Momenten,
sieht man, wo sich Wege trennten.
Zu oft ist es ein stummes Verlassen,
nur alte Erinnerungen, die langsam verblassen.

ONEIRODYNIA

VON FANTASIE UND TRÄUMEN

TRÄUME

Ich wandle frei in fremden Welten,
so viele Wunder sehe ich selten.
Augen scheinen hier zu funkeln,
man hört Zaubersprüche munkeln.
Man kann durch mystische Orte schweifen,
versuchen die Existenz zu begreifen.
All das verblasst in Alltäglichkeit,
scheint zu entfernt von Wirklichkeit.
Doch manchmal sehe ich funkelnde Augen
und wage es doch an Träume zu glauben.

Drachen

Ich les ein Buch,
und ich such,
'nen Drachen
mit riesigem Rachen.
Mit dickem Bauch,
im Maul der Rauch.
Er ist gigantisch und speit Feuer,
er ist ein großes Ungeheuer.
Ich klappe das Buch zu,
er ist verschwunden im Nu.
Und dann schlaf ich ein,
ich werd von Drachen träumen.

Ich Träumte

Ich habe heute Nacht von einem Drachen geträumt
und einem Hengst, der sich stürmisch aufbäumt.
Ich habe ein Licht am Ende des Tunnels gesehen,
konnte den Sinn des Lebens verstehen.
Habe Fantastisches erlebt,
habe gefühlt wie die Erde bebt.
Ich schwebe, ich fliege, ich bäume mich auf.
Ich kämpfe, besiege, nehme Anlauf.
Ich wärme und schwärme und geh meinen Weg.
Ich laufe und strauchle, ein Tag vergeht.
Ich weiß nicht wo ich gerade bin,
weiß viel zu viel, doch keinen Sinn.
Neblig, verklärt ist meine Sicht,
wache oder träume ich?

DER TRAUMTÄNZER

Ich wandere oft in der Nacht,
wähle Ziele mit Bedacht,
in Träumen manchmal groß, mal klein,
manchmal will ich selbst ein Träumer sein.
Wann immer sich jemand fühlt allein,
werde ich zur Stelle sein.
Ich verstehe sie zu finden,
in welcher Welt sie auch verschwinden.
Ich zeige ihnen ewige Weiten,
werde sie auf ihren Wegen begleiten.

Ich wandle oft, ich wandle viel,
jeder Träumer ist mein Ziel.
Ich kann weder Tag noch Nacht versäumen.
Ich bin der Tänzer in den Träumen.

Fantasie

Ein Dämon, der dich besetzt,
deinen Körper übernimmt,
Wörter Reih um Reihe setzt
und fremde Lieder anstimmt.
Der dir wirre Visionen zeigt,
dich so vergessen lässt die Angst.
Doch zu oft in Momenten schweigt,
in denen du um die Zukunft bangst.
Der Tag für Tag den Schlaf dir raubt,
mit Szenen von Geistern und Dämonen,
ein Schicksal, das dir niemand glaubt,
doch es wird sich für dich lohnen.
Zusammen werdet ihr verschwinden,
ungestört von dieser Welt,
um Fantastisches zu finden,
zu leben, wie es euch gefällt.

DYNAMIS
VOM LEBEN AUF WEGEN

LEBEN

Blind hetzen wir durchs Leben,
nach welcher Art wird vorgegeben.
Mit wenig Aufwand, viel Gewinn,
mit zu viel Zeit und wenig Sinn.

Der Alltag wird zu schnell zur Last,
eine Linse die keine Momente erfasst.
Das Fernglas zeigt Vergangenheit,
verschwendet wurde unsere Zeit!
Für die Zukunft arbeiten wir,
wir sind nie im Jetzt und Hier!
Was hätte das für einen Sinn?
Nur die Arbeit bringt Gewinn!
Wir rosten, wenn wir rasten,
der Zukunft fällt's zu Lasten!

Wer ständig nach der Zukunft hetzt,
wer ignoriert, das Hier und Jetzt,
wird nie erreichen, nur noch streben
und zwischendrin vergessen zu leben.

Rat eines alten Mannes

Gehe deinen eigenen Weg,
ignoriere wie die Zeit vergeht.
Hetze nicht, hab keine Eile.
Liebst du einen Ort, einen Menschen,
verweile.
Sei neugierig auf diese Welt,
genieße all das was dir gefällt.
Höre nie auf deinen Weg zu gehen,
frage nach, um alles zu verstehen.
Glaube nie du wärst am Ziel,
das Leben bietet noch so viel.
Höre nie auf nach den Sternen zu greifen,
jeder Samen kann zur Frucht heranreifen.
Erkunde Unbekanntes, ohne zu schaudern.
Lass dich von dieser Welt verzaubern.

Der Weg

Ich ging alleine einen Weg,
von dem mir andere erzählten,
auf dem sich Lebendiges nicht regt,
weil viele andere ihn wählten.

Es ist so einfach ihn zu gehen,
nur die Wahl, nach vorne zu sehen.
Doch ich bereute diesen Pfad,
bis ich kurz zur Seite trat.
Dorthin, wo wüste Winde wehten,
ein Weg der noch nicht so eingetreten,
wie der Pfad der vor ihm kam,
weil ihn zuvor kaum jemand nahm.

Selbst wenn ich mich hoffnungslos verlaufe,
mir meine Freude mit Zeit erkaufe,
wöllte ich keine Zukunft sehen,
ohne meinen Weg zu gehen.

BEDEUTUNG
DER
KAPITELTITEL

BEDEUTUNG DER KAPITELTITEL

Hermeneutik[1]

(S. 5)

„Lehre von der Auslegung und Erklärung eines
Textes oder eines Kunst- oder Musikwerks"

Desiderium[2]

(S. 15)

„Wunsch, Forderung, Verlangen"

Sedition[3]

(S. 23)

„Aufruhr, Aufstand"

Euphemismen[4]

(S. 31)

„beschönigende, verhüllende, mildernde
Umschreibung für
ein anstößiges oder unangenehmes Wort"

---

[1] Dudenredaktion (o. J.): „Hermeneutik" auf Duden online.
URL: https://www.duden.de/node/65577/revision/408193
(Abrufdatum: 10.06.2022)
[2] Dudenredaktion (o. J.): „Desiderium" auf Duden online.
URL: https://www.duden.de/node/31745/revision/623140
(Abrufdatum: 10.06.2022)
[3] Dudenredaktion (o. J.): „Sedition" auf Duden online.
URL: https://www.duden.de/node/163451/revision/435844
(Abrufdatum: 10.06.2022)
[4] Dudenredaktion (o. J.): „Euphemismus" auf Duden online.
URL: https://www.duden.de/node/43102/revision/531159
(Abrufdatum: 10.06.2022)

Katoptrik[5]

(S. 41)

„Lehre von der Lichtreflexion"

Divergenz[6]

(S. 49)

„das Auseinanderstreben, Auseinandergehen
[von Meinungen, Zielen o. Ä.]"

Oneirodynia[7]

(S. 55)

„Albdrücken; nächtliche Unruhe"

Dynamis[8]

(S. 63)

„Kraft, Vermögen, eine Veränderung
herbeizuführen"

---

[5] Dudenredaktion (o. J.): „Katoptrik" auf Duden online.
URL: https://www.duden.de/node/77086/revision/453222
(Abrufdatum: 10.06.2022)
[6] Dudenredaktion (o. J.): „Divergenz" auf Duden online.
URL: https://www.duden.de/node/33638/revision/617359
(Abrufdatum: 10.06.2022)
[7] Dudenredaktion (o. J.): „Oneirodynia" auf Duden online.
URL: https://www.duden.de/node/105823/revision/634086
(Abrufdatum: 10.06.2022)
[8] Dudenredaktion (o. J.): „Dynamis" auf Duden online.
URL: https://www.duden.de/node/36083/revision/559093
(Abrufdatum: 10.06.2022)